素材を味わい体ととのう

ご自愛 スープ

郷 知詠子
Chieko Go

JN097904

はじめに

毎日食べるものは、できるだけ体にやさしく、美味しいものを、と考えています。

そこで、家族には毎日 350g の野菜をとってもらいたいものの、なかなかそれは大変で、日々考えるのは、いかにたくさんの野菜をとるかばかり……。

そんな私の強い味方になるのがスープです。寒い日は体の中から温まり、食欲が落ちる暑い日にはするりと食べられて、体の調子をととのえてくれます。ポタージュや炒めた野菜のスープなどは冷凍できるので、あらかじめ一人分か二人分に分けて保存袋に小分けして冷凍しておくと、困った時にとっても便利です。

この本では、季節の野菜を中心に一年を通して使えるスープメニュー 50 品を紹介いたします。私が主宰する料理教室のレシピや、家族のために作り続けてきたものを集めました。

基本の材料は、水と野菜だけ。いわゆる化学調味料は使わず、野菜を炒めた甘味、他の食材との相性でうま味を組み合わせ、さらに引き出すレシピです。

ベースは旬の野菜と水とオリーブ油、にんにく、玉ねぎ、ローリエ、塩、胡椒。あとはその素材の味を引き立ててくれる、スパイス、フレッシュハーブ、飽きないように豆や雑穀の食感をプラスしています。ブレンダーで材料を細かくしてトロっとさせたものや、水分を限りなく少なくしておかずのようにするものもあります。

今までスープに使ったことのない食材もあるかもしれませんが、ぜひ挑戦してみてください。素材そのものの美味しさを感じられる、楽しいスープ・ライフが広がると思います。

この本が皆さんにとって、毎日の健康と元気のお役に立てたら嬉しいです。

2023 年 6 月吉日

郷 知詠子

Contents

第1章
春のスープ

第2章
夏のスープ

第3章
秋のスープ

第4章
冬のスープ

第5章
知っておくと便利なおまけレシピ

本書のレシピの注意点

- 材料の「醤油」は濃口醤油、「砂糖」は上白糖、「塩」は焼塩、「オリーブオイル」はエクストラヴァージンオイル、「バター」は無塩バターを使用しています
- 計量の単位は大さじ 1 は 15cc、小さじ 1 は 5cc、1カップは 200cc です
- 大さじや小さじの g 表記は、著者が計量した数値を記載しています
- 野菜の個数は目安、g は可食部の量を記載しています。慣れるまではぜひ量って作ってください
- レシピには火加減も書いてありますが、煮ている間にあまりにも水分が飛ぶようなら、少し火を落とす、水分を足すなど調整してください

ポタージュのレシピについて

- ハンドブレンダーを使用する際は、熱いスープが飛び散らないように気をつけてください
- ハンドブレンダーでなくミキサーを使用する場合は、熱いものを回すと吹き上がってしまうので、タオルでしっかりと蓋を押さえて少しずつ回してから、連続回転させてください
- ミキサーを使用する場合は、ミキサーにかけた後、鍋に戻してから、残りの材料や調味料を加えて味をととのえてください
- ポタージュのとろみは材料や加熱の度合いなどにより変わります。どろっとしすぎる場合はお好みで水分量を調整してください

Part 1

春のスープ

春が旬の野菜は、冬の間に溜まった毒素を排出して
体を内側からきれいにしてくれます。
野菜から溶け込んだ栄養をそのままたっぷりとれるスープや
ビタミンたっぷりのポタージュで体をデトックスしましょう。

フランスの家庭料理、
たっぷりキャベツのスープ

甘く柔らかい春キャベツは胃腸の疲れを癒してくれます

材料（5人分）

キャベツ	1/3 玉（500g）
ベーコン	35g
じゃがいも（皮つき）	1/3 個（30g）
にんにく	1/2 片（5g）
オリーブ油	大さじ 1 強（15g）
水	1000cc
塩	小さじ 1/2（2.5g）
黒胡椒	少々

トッピング

パルメザンチーズ	適量
パセリ	適量

作り方

1. キャベツとベーコンは千切り、にんにくはみじん切りにする。じゃがいもは皮をむかずに洗っておく。

2. 鍋にオリーブ油を入れて中火で熱し、にんにく、ベーコンを入れ、しっかりと炒めたらキャベツを加えて、1/3 の量になるまでよく炒める。

3. 水を加え、中〜弱火で 25 分煮る。途中、水分が少なくなったら分量外の水を足す。

4. じゃがいもの皮をむいてすりおろし、3 の鍋に加え、塩、黒胡椒で味をととのえ 5 分煮る。

5. 器に盛り、パルメザンチーズをたっぷりかけ、パセリを散らす。

POINT
キャベツをじっくり炒めてくたくたにするのが美味しく作るポイントです。
じゃがいもは時間をおくと変色してしまうので、入れる直前にすりおろして。

彩り野菜のミネストローネ

野菜がとれて消化に優しく、これさえあれば安心な一品

材料 (6人分)

玉ねぎ	1個 (240g)	
人参	1本 (120g)	
ズッキーニ	1/2本 (100g)	
赤パプリカ	1/2個 (70g)	
かぼちゃ	80g	
キャベツ	1/8個 (150g)	
ブロッコリー	3〜4房 (70g)	
マッシュルーム	2個 (24g)	
にんにく	1片 (10g)	
オリーブ油	大さじ3 (36g)	

A
水 ……………………… 1200cc
ローリエ ………………… 1枚
塩 ………………… 小さじ1 (5g)

塩・胡椒 …………………………… 少々

トッピング
パルメザンチーズ ………… お好みの量

作り方

1. 玉ねぎ、人参、ズッキーニ、赤パプリカ、かぼちゃ、キャベツは角切り、ブロッコリー、マッシュルーム、にんにくはみじん切りにする。

2. 鍋にオリーブ油とにんにくを入れて弱火で熱し、香りがたったら玉ねぎを加えて透明になるまで炒める。人参、ズッキーニ、赤パプリカを加えてしっかりと炒め、野菜の甘味を出す。

3. かぼちゃ、キャベツ、ブロッコリー、マッシュルームを加え、Aを入れる。野菜が浸からなければ、水を少し足し、蓋をして20分程煮る。

4. 塩、胡椒で味をととのえる。

5. 器に盛り、お好みの量のパルメザンチーズをかける。

POINT
ブロッコリーとマッシュルームはうまみのもと！ 味に深みが出るのでぜひ入れてください。
野菜は何を入れても大丈夫、じっくり炒めて甘味を出すのが美味しさの秘訣です。

リボン野菜のブイヤベース

ブイヤベースはいわば「フランス風寄せ鍋」
肌寒い春先はサフランで風邪予防を

材料 (4人分)

あさり (殻つき)	8個
ムール貝	8個
海老 (殻つき)	4尾
タラ	2切れ
人参	小1本 (120g)
ズッキーニ	小1本 (120g)
玉ねぎ	1/4個 (60g)
ミニトマト	3個 (36g)
にんにく	1/3片 (3g)
オリーブ油	大さじ2 (24g)

フュメ・ド・ポワソン (魚の出汁)	1300cc
サフラン	ひとつまみ
ターメリック	少々
塩・胡椒	少々

アイオリソース

マヨネーズ	大さじ4と1/3 (65g)
にんにく (すりおろし)	小さじ1/2 (3g)

作り方

1. あさりはサッと洗ってバットなどの平らな入れ物に並べ、分量外の3%の塩水 (海水程度の濃さ) を口のところまで入れてアルミホイルをかぶせ、3時間程おいて砂を抜く。

2. ムール貝は、貝から出ている足糸を下に向かってひっぱり取り除く。海老は背側から包丁を入れてワタを取る。タラは一口大、人参とズッキーニはピーラーでリボン状にスライス、玉ねぎは粗みじん切り、ミニトマトは8等分、にんにくはみじん切りにする。アイオリソースの材料はよく混ぜ合わせておく。

3. 鍋にオリーブ油を入れて弱火で熱し、にんにくを炒める。

4. 香りが出たら玉ねぎをサッと炒め、フュメ・ド・ポワソンを加える。沸いたらサフランを加え、香りと色が出たらターメリックをふり、色をつける。

5. ミニトマトを加え、塩少々 (分量外) をふる。

6. あさり、ムール貝、海老、タラを加え、少し煮たら、人参を加える。ズッキーニは最後に加えてサッと火を通し、塩、胡椒で味をととのえる。

7. 器に盛り、アイオリソースを添える。

POINT
野菜を入れすぎるとスープの味が薄まるので注意!
フュメ・ド・ポワソンは魚のカマや香味野菜で作る出汁のこと。
市販の顆粒のもの (無添加) を使用してください。

丸ごと新玉ねぎスープ

旬の栄養をまるごと味わう、冷やしても美味しいシンプルなスープ

材料（5人分）

新玉ねぎ･･････････････････小5個
水･･････････････････････････700cc
梅酢･･････････････大さじ2強（35g）
※水の量に対し5%の梅酢
昆布（4×5cm）･･･････････････1枚

トッピング

とろろ昆布･･･････････････････適量

作り方

1. 玉ねぎは皮をむき、根と頭のギリギリのところを落とす。

2. 鍋に1の玉ねぎ、水、梅酢、昆布を入れ、クッキングシートなどで落とし蓋をして一度沸かす。中〜弱火で、玉ねぎに竹串がスッと入るくらい柔らかくなるまで30分程煮る。

3. 器に盛り、とろろ昆布をのせる。

POINT
スーパーのお酢売り場で購入できる梅酢は、実は万能調味料！ ぜひ買ってみてください。
塩気は商品によって異なるので、お好みで加減して。

ブロッコリーとはと麦のスープ

タンパク質とミネラルが豊富なはと麦を使った
朝食にもオススメのメニューです

材料（3〜4人分）

はと麦	大さじ 2 と 1/3（30g）
ブロッコリー	小 1 株（120g）
ブラウンマッシュルーム	3 個（36g）
玉ねぎ	1/4 個（60g）
ベーコン	15g
にんにく	1/2 片（5g）
オリーブ油	適量
水	600cc
塩・胡椒	少々
トッピング	
タイム	あれば

作り方

1. はと麦はたっぷりの水（分量外）で20〜25分下茹でし、水洗いしてザルに取る。ブロッコリーとマッシュルームは粗刻み、玉ねぎは繊維を断つように薄切り、ベーコンは細切り、にんにくはみじん切りにする。

2. 鍋にオリーブ油とにんにくを入れて中火で熱し、玉ねぎ、ベーコンを加え炒める。

3. 香りが出たらブロッコリー、ブラウンマッシュルームを加え炒める。

4. 水を加え、15分煮る。はと麦を加え、さらに5分煮て、塩、胡椒で味をととのえる。

5. 器に盛り、お好みでタイムを添える。

POINT

はと麦は茹でるのに時間がかかるので、下茹でした状態でジッパー付き保存袋などに入れて冷凍しておくといつでも使えて便利です。サラダやインスタントスープのトッピングにも。

グリンピースのスープ
ミント風味

たっぷりの食物繊維で体の中からきれいに！
温めても冷やしても美味しいスープ

材料(4人分)

グリンピース (冷凍) ……… 250g	ローリエ ……… 1枚
玉ねぎ ……… 1/2個 (120g)	塩 ……… 小さじ1弱 (4g)
えのき ……… 約1/2袋 (70g)	胡椒 ……… 少々
オリーブ油 ……… 大さじ1弱 (10g)	トッピング
バター ……… 10g	ミント ……… 適量
水 ……… 500cc	

作り方

1. 玉ねぎは繊維を断つように薄切り、えのきはみじん切りにする。トッピング用のミントは葉のみを粗みじん切りにする。

2. 鍋にオリーブ油とバターを入れて中火にかけ、玉ねぎを入れて炒める。玉ねぎが透明になったらえのきを加え、焼き色がつかない程度に軽く炒める。

3. グリンピース、水、ローリエ、半量の塩(小さじ1/2弱)、胡椒を加え12分程煮る。途中、水が少なくなったら分量外の水少々を加える。

4. 火をとめてローリエを取り出し、ハンドブレンダーでなめらかになるまで混ぜ、味をみて、残りの塩で味をととのえる。

5. 器に盛り、ミントを散らす。

POINT
えのきを入れることでとろみがついてうま味が出ます。
ミントはぜひ入れて！　グリンピースの青臭さが消えて春の香りが嬉しいスープです。

オレンジ香る人参と
ミニトマトのスープ

春の人参の栄養をまるごとぎゅっと濃縮！
ジュース感覚でお子様にも

材料(4人分)

人参	1.5 本 (210g)	A	
玉ねぎ	1/2 個 (120g)	カレー粉	小さじ 1/4 (0.5g)
ミニトマト	4 個 (48g)	バター	8g
オリーブ油	大さじ 1 と 2/3 (20g)		
白ワイン	大さじ 1 (15cc)	塩	小さじ 1/2 強 (3g)
水	500cc	胡椒	少々
		水	約 150cc
		オレンジ果汁	大さじ 1 と 1/3 (20g)

作り方

1. 人参は皮をむいて薄めの半月切り、玉ねぎは繊維を断つように薄切り、ミニトマトは4等分に切る。

2. 鍋にオリーブ油を入れて中火で熱し、玉ねぎを透明になるまで炒める。

3. 人参を加えよく炒めたら白ワインを加えてアルコールを飛ばし、ミニトマトと水500ccを加え、中〜弱火で15分程煮る。

4. ハンドブレンダーでなめらかになるまで混ぜる。

5. 水150ccを、トロッとしたポタージュ状になるまで加減しながら少しずつ加えてのばす。Aを加え、塩、胡椒で味をととのえる。仕上げにオレンジ果汁を加える。

POINT
カレー粉は隠し味程度に加えることで食欲増進！
水分量はお好みで加減してください。
生のオレンジを使うと爽やかな風味が引き立つのでぜひ試してみて。

本場の味、
ボストン風クラムチャウダー

本場ではクラッカーを割り入れて食べるのが定番スタイル

材料（4人分）

あさり（殻付き）	20個（約180g）
玉ねぎ	約1/2個（100g）
人参	1/4本（40g）
マッシュルーム	3個（36g）
しめじ	20g
ベーコン	30g
じゃがいも	中1個（100g）
バター	30g（15g×2）
白ワイン	50cc
水	50cc
薄力粉	大さじ1（10g）

A
牛乳	300cc
水	200cc
ローリエ	1枚

塩・胡椒	少々

トッピング
クラッカー	お好みの量

作り方

1. あさりはサッと洗ってバットなどの平らな入れ物に並べ、分量外の3％の塩水（海水程度の濃さ）を口のところまで入れてアルミホイルをかぶせ、3時間程おいて砂を抜く。玉ねぎは繊維を断つように薄切り、人参、マッシュルーム、しめじはみじん切り、ベーコンは細切り、じゃがいもは皮をむき1cmの角切りにする。

2. 鍋にバターの半量を入れて強火で熱し、砂抜きしたあさりと白ワインをふり入れ、水を加えて蓋をする。あさりの殻が開いたら汁ごとボウルに移しておく。

3. 同じ鍋に残りのバターを入れ、玉ねぎ、人参、マッシュルーム、しめじ、ベーコンを加え中火でしっかりと炒める。じゃがいもを加えて薄力粉をふり入れ、粉気がなくなるまで炒める。

4. 2でとっておいたあさりの汁だけを鍋に戻し、Aを加えて中火でサッと沸かす。

5. 残りのあさりを殻付きのまま加え、塩、胡椒で味をととのえる。

6. 器に盛り、お好みで塩味のクラッカーを割り入れる。

POINT
野菜を炒めたら薄力粉でうま味を閉じ込めて！
クラッカーはぜひ入れてください。とろみが出て、満足感もアップします。

ごぼうとアーモンドミルクの
ポタージュ

食物繊維がとれるデトックススープ

材料 (5人分)

ごぼう	約1本 (180g)
玉ねぎ	小1個 (160g)
オリーブ油	大さじ1強 (15g)
水	450cc
白ごはん	1/2カップ (45g)
ローリエ	1枚
みりん	大さじ1と1/3 (20g)
アーモンドミルク (牛乳でも可)	
	200cc
塩・胡椒	少々

トッピング

ごぼうチップス	適量
あさつき	適量

POINT
ごはんを入れて、とろみと甘味をプラス。

作り方

1. ごぼうは皮を軽くこそぎ、斜め薄切りにして水でサッと洗う。玉ねぎは繊維を断つように薄切りにする。

2. 鍋にオリーブ油を入れて熱し、玉ねぎを透明になるまで炒めたらごぼうを加え炒める。

3. 水、白ごはん、ローリエを入れ、ごぼうが柔らかくなるまで煮る。

4. 柔らかくなったらローリエを取り出し、ハンドブレンダーでなめらかになるまで混ぜる。

5. みりん、アーモンドミルクを入れ軽く温め、塩、胡椒で味をととのえる。

6. 器に盛り、ごぼうチップスをのせ、あさつきを散らす。

ごぼうチップスの作り方

薄切りにしたごぼうを水洗いし、キッチンペーパーなどで水気を拭き取り、160〜170℃の油で薄く色づくまでカラッと揚げる。

赤パプリカのスープ クミン風味

パプリカの甘みと隠し味のクミンで食欲が増します

材料（5人分）

赤パプリカ	約2個(200g)
玉ねぎ	1/2個(120g)
ミニトマト	2個(25g)
にんにく	1/2片(5g)
オリーブ油	大さじ1と1/3(15g)
水	700cc
ローリエ	1枚
クミンパウダー	小さじ1/4(0.5g)
塩	小さじ1/2弱(2g)
胡椒	少々

トッピング

タイム	少々

作り方

1. 赤パプリカは薄切り、玉ねぎは繊維を断つように薄切り、ミニトマトは粗刻み、にんにくはみじん切りにする。

2. 鍋にオリーブ油とにんにくを入れて弱火で熱し、香りが立ったら玉ねぎを入れて炒める。玉ねぎがしんなりしたら赤パプリカを加え、さらに炒める。

3. 赤パプリカがしんなりしたら水、ローリエ、刻んだミニトマトを入れ、15分程煮る。火を止めてローリエを取り出し、ハンドブレンダーでなめらかになるまで混ぜる。

4. クミンパウダーをふり、塩、胡椒で味をととのえる。

5. 器に盛り、タイムを散らす。

POINT
体がなんとなく重い時にサラリと食べられるスープ。アクセントのプチトマトで爽やかな味わいに。

体がよろこぶ、
もずくのスープ

もずくと生姜で体を温め代謝 UP!　酸辣湯風にさっぱりと

材料（4人分）

もずく（味なし）	150g
島豆腐または豆腐	60g
生姜	1片（10g）
長ねぎ	1/2 本（30g）
卵	1個
ごま油	大さじ 1 強（15g）

A

水	800cc
だし醤油	大さじ 2 弱（30g）
砂糖	大さじ 1 弱（8g）
とろろ昆布	3g

B

ラー油	小さじ1（5g）
酢	大さじ1（15g）
塩・胡椒	少々

作り方

1. もずくは軽く洗い、水気を切る（塩漬けもずくの場合は、軽く洗い5分程水に浸して塩を抜く）。豆腐は短冊切り、生姜と長ねぎはみじん切りにする。卵は溶いておく。

2. 鍋にごま油を入れて中火で熱し、生姜を加え軽く炒めたらAを入れる。沸いたらもずく、豆腐を加え再度沸かす。

3. 溶いた卵をまわし入れ、長ねぎとBを加え味をととのえる。

POINT
生姜、もずく、お酢で美容効果も期待できるポカポカスープ。
とろろ昆布でうま味ととろみをプラスします。

Part 2

夏のスープ

暑い夏はするすると飲めるひんやり冷たいスープや
にんにくやスパイスの力でスタミナをつけるスープ
冷房で冷えた体を温めてくれるスープが大活躍。
食欲が落ちる時こそ、スープでたくさん野菜をとって。

ズッキーニとにんにくの
冷たいスープ

するりと飲めて夏バテで疲れた休にぴったり

材料 (5〜6人分)

ズッキーニ	1.5 本 (300g)	ローリエ	1 枚
玉ねぎ	1/2 個 (120g)	牛乳	80cc
じゃがいも	中 1 個 (100g)	塩	小さじ 1/2 (2.5g)
にんにく	1 片 (10g)	胡椒	少々
バター	10g		
オリーブ油	大さじ 1 弱 (10g)	トッピング	
白ごはん	1/4 カップ (25g)	オリーブ油	少々
水	500cc		

作り方

1. ズッキーニは薄切りにし、トッピング用に少しとりわけておく。玉ねぎは繊維を断つように薄切り、じゃがいもは皮をむいて薄切り、にんにくはみじん切りにする。

2. 鍋にバターとオリーブ油、にんにくを入れて弱火で熱し、香りが出たら玉ねぎを加え炒める。玉ねぎが透明になったらズッキーニを加え、さらに炒める。

3. じゃがいも、白ごはん、水、ローリエを加え 15 分煮る。

4. 火を止めてローリエを取り出し、ハンドブレンダーでなめらかになるまで混ぜる。

5. 牛乳を加えて再び火にかけ、軽く沸かし、重たければ分量外の水を少しずつ加えながらトロっとするまでのばす。

6. 塩、胡椒で味をととのえ、冷蔵庫で冷やす。

7. 器に盛り、1 でとりわけておいたズッキーニをのせ、オリーブ油をたらす。

POINT

夏が旬のズッキーニは、サッと火を入れるだけで簡単に作れるのが嬉しいところ。油で炒めることでβカロテンの吸収率が良くなります。

フレッシュとうもろこしの冷製スープ

水分は水だけでとうもろこしの風味を生かして

材料 (5人分)

とうもろこし	2本 (正味400g)
玉ねぎ	1/4個 (60g)
バター	20g
オリーブ油	大さじ1 (12g)
水	700cc

A
コーンスターチ (または片栗粉)
小さじ2 (8g)
水 小さじ2 (10cc)

塩・白胡椒	少々

トッピング
生クリーム あれば

作り方

1. とうもろこしの粒をナイフなどで落とす。玉ねぎは繊維を断つように薄切りにする。Aのコーンスターチと水は合わせて溶いておく。

2. 鍋にバターとオリーブ油を入れて中火で熱し、玉ねぎを焼き色がつかないように炒める。玉ねぎが透明になったらとうもろこしを加え、軽く炒める。

3. 水を加え、4〜5分煮る。ハンドブレンダー又はミキサーでなめらかになるまでしっかりと混ぜる。

4. 3をザルなどでしっかりと濾して鍋に戻し、1の水溶きコーンスターチを加えてよく混ぜる。火にかけて少し温めてとろみをつけ、塩、白胡椒で味をととのえて冷蔵庫で冷やす。

5. 器に盛り、お好みで軽く泡立てた生クリームをのせる。

POINT
とうもろこしは濾すのでしっかりブレンダーにかけてください。
冷たくしても温かくしても美味しく召し上がれます。

きゅうりとヨーグルトの
爽やかスープ トルコ風

夏の体をととのえてくれる本格的なトルコのスープ

材料(2～3人分)

きゅうり ……………… 1.5本 (150g)
にんにく (すりおろし)
……… 1片または小さじ2弱 (10g)

塩 ………………… 小さじ 1/2 強 (3g)
胡椒 ……………………… 少々
ディル ………………… 3～4枝

A

ヨーグルト (無糖) ……………… 200g
水 ………………… 100cc
オリーブ油
……………… 大さじ 1 と 2/3 (20g)

作り方

1. きゅうりはピーラーでところどころ皮をむき、すりおろす。にんにくはすりおろし、ディルは飾り用を少し残して粗みじんに刻む。

2. ボウルにAを入れ、1のきゅうり、にんにくを加えてよく混ぜる。塩、胡椒で味をととのえてディルを加え、よく混ぜる。

3. 冷蔵庫で冷やす。

4. 器に盛り、1で残しておいたディルを飾る。

POINT
火を使わずに作れるので暑い夏にぴったり。
きゅうりのカリウムとにんにくのスタミナで夏バテの予防や疲労回復に。

クラシック・ガスパチョ

夏野菜をまるごと食べられるビタミンたっぷりスープ
トロッとおなかにたまるので朝食にもぴったり

材料 (3〜4人分)

トマト	約3個 (550g)	塩	小さじ 1/2 強 (3g)
きゅうり	約1本 (95g)	白胡椒	少々
玉ねぎ	約1/2個 (90g)		
ピーマン	1/3個 (12g)	**トッピング**	
にんにく	1/4片 (2g)	イタリアンパセリ	適量
バゲット	20g	オリーブ油	適量

A

オリーブ油
………… 大さじ 3 と 2/3 (45g)
レモン汁………… 大さじ 1 (15g)
タバスコ ………… 5滴
ウスターソース ………… 5滴
白ワインビネガー… 小さじ 1 (6g)
砂糖………… 大さじ 1/2 (5g)

作り方

1. 野菜とバゲットはすべて小さめのざく切りにし、Aと一緒にハンドブレンダー又はミキサーでなめらかになるまで混ぜる。

2. 塩、白胡椒で味をととのえ、ボウルなどに移し、冷蔵庫で冷やす。

3. 器に盛り、刻んだイタリアンパセリを散らしてオリーブ油をたらす。

POINT
バゲットを入れることで甘味ととろみがつきます。トマトはぜひよく熟したものを。
冷蔵庫で半日から一晩おくとぐっと美味しくなります。
ウスターソースはリーペリンがオススメ。

スペインのにんにくたっぷり、アホスープ

シンプルな素材だけでとにかく元気になれるスープ
おつまみにもおかずにも、皆好きになること間違いなし

材料（2〜4人分）

にんにく	5片（50g）
生ハム	40g
バゲット	60g
オリーブ油	大さじ2（25g）
パプリカパウダー	大さじ1/2（4g）
水	600cc
ローリエ	1枚
塩・胡椒	少々

ポーチドエッグ

卵	1個
水	700cc
酢	大さじ2（30g）
塩	少々

トッピング

イタリアンパセリ	適量

作り方

1. にんにくは粗みじん切り、生ハムは粗刻み、バゲットは1.5cmの角切りにする。鍋にオリーブ油とにんにくを入れて弱火で熱して香りを出す。

2. 生ハムの半量とパプリカパウダーを加え弱火で炒めたら、バゲットを加えて炒め混ぜ、水、ローリエを加えて20分煮る。

3. バゲットを潰し、残りの生ハムを加え、さらに6〜7分煮て、塩、胡椒で味をととのえる。

4. 器に盛り、ポーチドエッグをのせ、お好みで粗く刻んだイタリアンパセリを散らす。

ポーチドエッグの作り方

1. 小さい器に冷蔵庫から出した卵を割り入れる。

2. 鍋に湯を沸かし、酢、塩を加え、お箸などで湯をぐるぐるかき混ぜて水流を作り、真ん中に卵をそっと入れる。

3. 弱火で触らず3分煮たらおたまなどですくって冷水に取り出し、キッチンペーパー等の上において水気を切る。

POINT
たっぷりのにんにくで元気が出るスープ！　生ハムの出汁をしっかり出すことが大切です。
固くなったバゲットでも美味しく作れる嬉しいレシピ。

本格スパイシースープカレー

栄養満点のまさに食べる漢方スープ！
たっぷり作ってたっぷり食べて

材料(4人分)

玉ねぎ	1個(240g)
骨付き鶏もも肉(又は手羽元8本)	4本
トマト	中1個(120g)
人参	小2本
じゃがいも(メークイン)	2個
生姜(すりおろし)	大さじ1と1/3(25g)
にんにく(すりおろし)	小さじ2(12g)
オリーブ油	大さじ1と2/3(20g)

トッピング

ゆで卵	2個
茄子	1本
ズッキーニ	1/2本
赤パプリカ	1/2個
ピーマン	1個

A

カイエンヌペッパー	小さじ1/3(0.7g)
ガラムマサラ	小さじ2(4g)
クミン	大さじ1/2(3g)
コリアンダー	大さじ1(6g)
ターメリック	小さじ1(2g)
パプリカパウダー	小さじ1(2g)
ブラックペッパー	小さじ1/3(0.7g)

塩	小さじ1/2強(3g)
バジル	小さじ2(2g)
水	1000cc
醤油	大さじ1/2(7.5g)

作り方

1. 玉ねぎは縦半分に切って繊維に沿って2〜3mm厚さの薄切りにし、さらに半分に切る。トマトはざく切り、人参とじゃがいもは皮をむいて食べやすい大きさに切る。鶏肉は軽く塩、胡椒(分量外)をふる。

2. 鍋にオリーブ油を入れて中火で熱し、鶏肉を皮目から入れてしっかりと焼き色を付けたら一度取り出す。玉ねぎを入れ、分量外の塩少々をしてあめ色になるまで炒める。

3. 生姜、にんにくを入れて水分を飛ばしながら炒め、トマトを加えて水分がなくなるまで炒める。Aを加え、中火〜弱火にして全体を混ぜ合わせる。

4. 鶏肉を鍋に戻してから人参、じゃがいもを入れ、塩、バジル、水を加えて20分煮る。醤油を加えて味をととのえる。

5. トッピングを用意する。茄子はがくを取って縦4等分、ズッキーニは1cm幅の輪切り、赤パプリカとピーマンは2cm幅に切る。ゆで卵は殻をむき半分に切る。すべての野菜を素揚げする。

6. 器に具材とスープを盛り、トッピングをのせる。

POINT
玉ねぎを炒めるときに塩をふると早くあめ色になります。
トッピングはお好みの野菜をどうぞ。

冷たいスープの定番、
ヴィシソワーズ

シーンを選ばず食べれる食欲増進冷製スープ

材料（6人分）

じゃがいも	約3個 (340g)
玉ねぎ	1個 (240g)
バター	20g
水	400cc
ローリエ	1枚
牛乳	350cc
生クリーム	50cc
塩	小さじ1 (5g)
白胡椒	少々

トッピング

シブレットまたはあさつき	適量

作り方

1. じゃがいもは皮をむいて薄切り、玉ねぎは繊維を断つように薄切りにする。

2. 鍋にバターを入れて中火で熱し、玉ねぎを透明になるまで炒める。じゃがいもを加え、サッと炒めたら水、ローリエを加え、15分煮る。

3. 火を止めてローリエを取り出し、ハンドブレンダーでなめらかになるまで混ぜる。

4. 牛乳を加え一度沸かす。生クリーム、塩、白胡椒で味をととのえ、冷蔵庫で冷やす。

5. 器に盛り、刻んだシブレットまたはあさつきをお好みの量散らす。

POINT

体の塩分バランスを保ち、食欲がない時でもしっかり栄養を取れるスープです。
冷たくしても温めても美味しく召し上がれます。

冷製オニオンポタージュ

玉ねぎが主役のアレンジヴィシソワーズ

材料（4～5人分）

玉ねぎ	約 1.5 個（300g）
じゃがいも	中 1 個（100g）
バター	20g
水	600cc
ローリエ	1 枚
塩	小さじ 1/2 弱（2g）
白胡椒	少々
トッピング	
フライドオニオン	適量

作り方

1. 玉ねぎは繊維を断つように薄切り、じゃがいもは皮をむいて薄切りにする。

2. 鍋にバターを入れて中火で熱し、玉ねぎを透明になるまで炒める。

3. じゃがいも、水、ローリエを加えて煮る。じゃがいもに竹串がスッと入るようになったら火を止めてローリエを取り出し、ハンドブレンダーでなめらかになるまで混ぜる。

4. 塩、白胡椒で味をととのえ、冷蔵庫で冷やす。

5. 器に盛り、お好みでフライドオニオンを散らす。

POINT

玉ねぎを焦がさないようにゆっくり炒めることで甘味が出ます。
フライドオニオンはスーパーや輸入食品店などで購入できます。

季節の味、
桃とヨーグルトのスープ

桃の美味しい季節に作る絶品スープ

材料 (2人分)

桃	1個 (180g)	トッピング	
ヨーグルト	80g	桃	1/3 個
レモン汁	小さじ 1 (5g)		
塩・白胡椒	少々		
生クリーム	小さじ 2 (10cc)		

作り方

1. 桃は水で流しながらやさしく撫で、産毛を落とす。溝にナイフを入れて一周し、ひねりながら外して2等分にする。皮を上から下にそっとむいて2〜3cmの大きさに切る。

2. 桃、ヨーグルト、レモン汁をボウルに入れ、ハンドブレンダー又はミキサーでとろみがつくまで混ぜ合わせる。

3. 塩、白胡椒をほんのひとつまみ加えて味をととのえ、生クリームを加え軽く混ぜる。

4. 冷蔵庫でよく冷やす。

5. 器に盛り、食べる直前にカットした桃をのせる。

POINT
桃を贅沢に味わう夏のご褒美!
時間をおくと色が変わってくるので、作ったらなるべく早くお召し上がりください。

ひんやりまろやか、枝豆のスープ

疲れや肌荒れを感じた時に、温めても冷やしても

材料（3人分）

枝豆（冷凍でも可）	正味 130g
玉ねぎ	1/6 個（40g）
じゃがいも	1/2 個弱（40g）
バター	7g
水	500cc
ローリエ	1 枚
塩	ひとつまみ
白胡椒	少々

トッピング

枝豆	適量

作り方

1. 枝豆は塩茹でし、さやから取り出す（冷凍の場合は解凍し、さやから取り出す）。玉ねぎは繊維を断つように薄切り、じゃがいもは皮をむいて薄切りにする。

2. 鍋にバターを入れて中火で熱し、玉ねぎを透明になるまで炒めたら、じゃがいも、水、ローリエを加え、10分煮る。

3. 1の枝豆を加え、一度沸かしてから火を止める。ローリエを取り出し、ハンドブレンダーでなめらかになるまで混ぜる。

4. 塩、白胡椒で味をととのえ、冷蔵庫で冷やす。

5. 器に盛り、枝豆をのせる。

POINT
冷凍の枝豆でも美味しく作れます。

冬瓜と海老のすりながし

火照った体の熱を冷やして夏風邪を予防

材料(4〜5人分)

冬瓜	1/4 個 (正味 400g 程)
むき海老	100g
日本酒	小さじ2 (12g)
片栗粉	小さじ2 (8g)

A

かつお出汁	500cc
みりん	大さじ1と2/3 (25g)
薄口醤油	大さじ1/2 (7g)
塩	ひとつまみ
白だし (あれば)	大さじ1

B

片栗粉	小さじ1 (4g)
水	小さじ2 (10cc)

生姜 (すりおろし)	小さじ1強 (10g)

トッピング

あさつき	適量

作り方

1. 冬瓜はワタを取って切り分け、皮の部分を持ちながら鬼おろしで白い部分を粗くおろす。むき海老は包丁で叩き、日本酒をふってもみ込み、片栗粉をまぶす。

2. 鍋に湯を沸かし、分量外の塩少々を加え、水気を切った冬瓜をサッと下茹でしてザルにあける。

3. 別の鍋にAを入れて熱し、沸いたら水気を絞った冬瓜を加え、5分煮る。Bの片栗粉と水をよく混ぜ合わせて加えて一度沸かし、とろみをつける。

4. 3を弱火にし、1の海老を散らすように加える。あまりかき回さず海老に火を通し、アクがあれば取る。すりおろした生姜を加えて火を止め、粗熱を取り、冷蔵庫で冷やす。

5. 器に盛り、あさつきを散らす。

POINT

鬼おろしがない場合は包丁で粗刻みにしてください。

暑い夏の味方、
本格冷や汁

アジの干物と焼き味噌で作る宮崎のソウルフード

材料 (2～3人分)

アジの干物	1尾
きゅうり	1本
木綿豆腐	1/2丁
味噌	大さじ3と1/2 (70g)
白炒りごま	大さじ4強 (35g)
水	250cc

トッピング

みょうが	2個
大葉	4枚

A

砂糖	大さじ1 (10g)
醤油	小さじ1/2 (3g)
みりん	小さじ1強 (7g)
酒	小さじ1強 (7g)
塩	少々
生姜 (すりおろし)	小さじ1 (7g)

作り方

1. アジの干物は焼き、骨と皮を外して身をほぐしておく。きゅうりは薄切りにして塩もみし、水気を絞る。豆腐はキッチンペーパーなどで軽く水気を切り手で崩す。アルミホイルに味噌をのばし、トースターでこんがりと、焦げない程度に色づくまで焼く。トッピングのみょうがと大葉は千切りにする。

2. すり鉢に白炒りごまを入れ、ねっとりとするまで擦る。1の味噌を加えて混ぜ、アジを加える。Aを入れて混ぜ、水を少しずつ加えてのばす。

3. きゅうり、豆腐を加え、冷蔵庫で冷やす。

4. 器に盛り、みょうがと大葉を散らす。

POINT
味噌を焼く時間はお手持ちのオーブントースターにより調整してください。
こんがりと焼き目をつけることで風味が出ます。

サバ缶で簡単冷や汁

夏のお昼はこれだけで栄養も食べ応えも◎

材料（2人分）

サバ缶	1缶（190g）
きゅうり	1本
木綿豆腐	1/2 丁

A

白ねりごま	大さじ1と1/2（30g）
味噌	大さじ3（60g）
醤油	小さじ1（5g）
みりん	小さじ2（11g）
塩	少々

水	370cc

トッピング

白すりごま	大さじ1と1/2
みょうが	3個
大葉	6枚
そうめん	2人分

作り方

1. サバ缶は水気をしっかりと切り、骨をとってほぐす。きゅうりは薄切りにして塩もみし、水気を絞る。豆腐はキッチンペーパーなどで軽く水気を切り手で崩す。トッピングのみょうがと大葉は千切りにする。

2. ボウルにAの材料を入れてよく混ぜ合わせ、水を加えてのばす。1のサバ缶、きゅうり、豆腐を加えて冷蔵庫で冷やす。

3. 食べる前にそうめんを茹でて冷水でしめ、器にそうめんと2を等分に盛り、トッピングを散らす。

POINT
サバ缶の汁が残っていると味が薄まってしまうので、
しっかりと水気を切ってください。

キヌアとモロヘイヤのスープ

クレオパトラが愛したエジプトの健康スープ
美容効果が高く女性にオススメです

材料 (4〜5人分)

キヌア	大さじ 1 強 (15g)
オクラ	5 本 (70g)
モロヘイヤ	1 袋 (75g)
にんにく	1/2 片 (5g)
オリーブ油	大さじ 1 強 (15g)
水	1000cc
A	
みりん	小さじ 2 (11g)
バター	10g
コリアンダーパウダー	10ふり
塩	小さじ 1/2 強 (3g)
胡椒	少々
ナンプラー	小さじ 1/3 (1.5g)

作り方

1. 鍋にたっぷりの湯を沸かし、キヌアを10分茹で、ザルにあけてサッと水で洗い、水気を切る。

2. モロヘイヤは洗って太い茎を除き、みじん切りにする。オクラは薄い輪切り、にんにくはみじん切りにする。

3. 鍋にオリーブ油を入れて熱し、にんにくを炒め、香りが出たら水を加えてにんにくのうま味を移す。沸騰したらモロヘイヤ、オクラ、Aを加え、再度沸かす。

4. 1のキヌアを加えて、塩、胡椒、ナンプラーで味をととのえる。

POINT
キヌアはサラダなどのトッピングにも使えます。コリアンダーパウダーはエキゾチックな風味の決め手になるのでぜひ試してみてください。カレーなどに加えるのもオススメです。

Part 3
秋のスープ

過ごしやすくなる季節に美味しい秋の味覚は
どれもスープの材料にぴったり。
ポタージュは温めても冷めたくしても
その日の気分やメニューに合わせて美味しく召し上がれます。

濃厚、栗のポタージュ

生の栗で作るほんのり甘い贅沢なスープ
ビタミンやカリウムが豊富でむくみ解消や高血圧予防にも

材料（4〜5人分）

栗（皮つき）	約12個（正味170g）	ローリエ	1枚
玉ねぎ	中1個（240g）	牛乳	150cc
		塩	小さじ1/2弱（2g）
A		醤油	小さじ1/2弱（2g）
干し椎茸	2枚（10g）	白胡椒	少々
ぬるま湯	350cc		
		トッピング	
バター	15g	甘栗	お好みの量

作り方

1. Aの干し椎茸とぬるま湯を合わせて30分程おく。栗は皮ごと茹でて（下の茹で方参照）、粗熱がとれたら半分に切ってスプーンで中身を出す。玉ねぎは繊維を断つように薄切りにする。

2. 鍋にバターを入れて中火で熱し、玉ねぎを入れて透明になるまで炒めたら、栗を加え炒める。

3. 1の干し椎茸と戻し汁、ローリエを加え、10分程煮る。

4. ローリエと干し椎茸を取り出し、ハンドブレンダーでなめらかになるまで混ぜる。

5. 牛乳を加えて弱火にかけ、沸いたら火をとめて、塩、醤油、白胡椒で味をととのえる。器に盛り、お好みで砕いた甘栗をのせる。

栗の茹で方

鍋に栗とたっぷりの水を入れて強火にかけ、沸いたら中火に落として20分茹でる。

20分経ったら塩小さじ2（分量外）を加え、さらに5分茹でる。

POINT
栗は茹でてスプーンで取り出した状態で
ジップロックなどに入れれば冷凍保存できます。
腹持ちも良く、満足度の高いスープです。

かぼちゃのスープ
白味噌仕立て

かぼちゃ本来の甘味に白味噌の隠し味でさらにまろやかに

材料 (4〜5人分)

かぼちゃ	1/4 個 (450g)
玉ねぎ	中 1/2 個 (120g)
バター	7g
オリーブ油	小さじ 1 と 1/2 (6g)
水	500cc
ローリエ	1枚
白味噌	大さじ 1 (20g)
塩・胡椒	少々

トッピング

かぼちゃチップス	適量

POINT
牛乳を使わなくてもやさしく、
濃厚な味になります。

作り方

1. かぼちゃは種を取り、皮を少し残して一口大に切る。玉ねぎは繊維を断つように薄切りにする。

2. 鍋にバターとオリーブ油を入れて熱し、玉ねぎを透明になるまで炒めたらかぼちゃを加えてサッと炒める。

3. 水、ローリエを加え、かぼちゃが柔らかくなるまで煮たら火をとめて、ローリエを取り出し、ハンドブレンダーでなめらかになるまで混ぜる。

4. もったりしているようなら分量外の水を少しずつ加えトロっとするまでのばす。再び火にかけてあたため、白味噌、塩、胡椒で味をととのえる。

5. 器に盛り、かぼちゃチップス (市販のものでもOK) を散らす。

かぼちゃチップスの作り方

かぼちゃは洗って3〜4mm厚さの薄切りにし、水気を拭き取り160〜170℃の油でカラッと揚げる。

干し椎茸のきのこスープ

うまみがぎゅっと濃縮された濃厚きのこスープ

材料(4〜5人分)

A
　干し椎茸⋯⋯⋯⋯⋯3 枚 (15g)
　ぬるま湯⋯⋯⋯⋯⋯⋯⋯300cc

玉ねぎ⋯⋯⋯⋯⋯⋯大 1/2 個 (150g)
しめじ⋯⋯⋯⋯⋯⋯1/2 パック (50g)
にんにく⋯⋯⋯⋯⋯⋯⋯1/2 片 (5g)
白ごはん⋯⋯⋯⋯⋯1/4 カップ (25g)
オリーブ油⋯⋯大さじ 1 と 1/2 (20g)
ローリエ⋯⋯⋯⋯⋯⋯⋯⋯⋯1 枚
牛乳⋯⋯⋯⋯⋯⋯⋯⋯⋯⋯100cc
塩・胡椒⋯⋯⋯⋯⋯⋯⋯⋯⋯少々
醤油⋯⋯⋯⋯⋯⋯⋯小さじ 1/4 (1g)

トッピング
干し椎茸⋯⋯⋯⋯⋯⋯⋯⋯⋯少々

POINT
ごはんでとろみと甘み、コクをプラス。
やさしくて滋養強壮にぴったりなスープです。

作り方

1. Aの干し椎茸とぬるま湯を合わせて30分程おく。戻した干し椎茸はみじん切りにし、戻し汁は水(分量外)を足して600ccになるよう調整する。玉ねぎは繊維を断つように薄切り、しめじは粗刻み、にんにくはみじん切りにする。

2. 鍋にオリーブ油とにんにくを入れて熱し、香りが出たら玉ねぎを加えて中火で透明になるまで炒め、しめじを加え炒める。

3. 1の干し椎茸と戻し汁、白ごはん、ローリエを加えて10分程煮る。

4. 火をとめてローリエを取り出し、ハンドブレンダーでなめらかになるまで混ぜる。

5. 再び火にかけ、沸いたら牛乳を加えて、塩、胡椒、醤油で味をととのえる。

6. 器に盛り、お好みでトッピング用の干し椎茸をすりおろし、ふりかける。

焼き芋と小松菜のスープ

栄養たっぷりの小松菜に焼き芋の甘みをプラス

材料（3～4人分）

焼き芋（皮をむいたもの）	80g
小松菜	7～8束（150g）
玉ねぎ	1/2個（120g）
マッシュルーム	3個（36g）
にんにく	1/2片（5g）
オリーブ油	大さじ1強（15g）
水	450cc
ローリエ	1枚
塩	小さじ1/2弱（2g）
白胡椒	少々

作り方

1. 焼き芋は皮をむいて一口大、小松菜は3cmのざく切り、玉ねぎとマッシュルームは薄切り、にんにくはみじん切りにする。

2. 鍋にオリーブ油とにんにくを入れて弱火で熱し、香りを出す。玉ねぎを透明になるまで炒め、マッシュルームを加えさらに炒める。

3. 焼き芋、水、ローリエを入れ、一度沸くまで煮る。沸いたら1～2分おき、小松菜を加え3分煮る。

4. 火をとめてローリエを取り出し、ハンドブレンダーでなめらかになるまで混ぜる。

5. 再び火にかけて温め、塩、白胡椒で味をととのえる。

POINT
ビタミン、カルシウム、食物繊維と栄養満点。市販の焼き芋でお手軽に。

マッシュルームと カリフラワーのスープ

2種類のマッシュルームと生クリームでコクが出ます

材料（6人分）

ブラウンマッシュルーム······ 約10個（120g）
ホワイトマッシュルーム······ 約10個（120g）
カリフラワー···················· 小1株（180g）
玉ねぎ·························· 1/2個（120g）
バター····························· 10g
A
　　塩······················· 小さじ1/3（1.5g）
　　水·························· 500cc
　　ローリエ······················· 1枚
B
　　牛乳····························· 200cc
　　生クリーム························ 50cc

塩・胡椒····························· 少々
トッピング
牛乳····························· 80cc
オリーブ油························· 適量

作り方

1. マッシュルームとカリフラワーは粗刻み、玉ねぎは繊維を断つように薄切りにする。鍋にバターを入れて中火で熱し、玉ねぎを透明になるまで炒める。

2. マッシュルームを加えて炒めたら、カリフラワーを加えてサッと炒め、Aを加えてカリフラワーが柔らかくなるまで10分程煮る。

3. 火を止めてローリエを取り出し、ハンドブレンダーでなめらかになるまで混ぜる。Bを加えて温め、塩、胡椒で味をととのえる。

4. トッピング用の牛乳を約60℃に温め（500Wの電子レンジ約50秒）、ミルクフォーマーで泡立てる。

5. スープを器に盛り、4のフォームドミルクをスプーンですくってのせ、お好みでオリーブ油をたらす。

POINT

ミルクフォーマーは100円ショップなどで購入できます。
スープのトッピングのほか、カフェラテやカプチーノ、
ホットココアなどのアレンジも楽しめるのでおすすめです。

塩豚と丸ごと野菜のポトフ

丸ごと野菜を煮崩れさせないコツはオーブンで作ること
出汁を使わず素材の味をしっかり楽しみます

材料(4・5人分)

塩豚

豚肩ロース肉（かたまり）…………	500g
塩………………	小さじ2 (10g)

じゃがいも（メークイン）…………	3個
人参…………………	1本
玉ねぎ…………………	2個
水…………………	900cc

ブーケガルニ

長ねぎの青い部分…………	1本分
セロリの茎（あれば）…………	1本
パセリの茎…………	2～3本
ローリエ…………	1枚
お手持ちのハーブ…………	適量

トッピング

粗挽き黒胡椒………………	お好みの量
マスタード………………	お好みの量

作り方

1. 塩豚を作る。豚肉全体に塩をふり、ラップで包み冷蔵庫で一晩～2日おく。
   ブーケガルニの材料はまとめてタコ糸で縛る。

2. 1の塩豚を約2cm幅に切り、ブーケガルニ、水とともにオーブン使用可能な
   鍋（蓋つき）に入れ、強火で煮る。

3. 沸騰したらアクを取り、クッキングシートで落とし蓋をし、鍋の蓋をする。
   180℃に予熱したオーブンに入れ、30分煮込む。

4. じゃがいもは皮をむく。人参と玉ねぎは皮をむき、縦半分に切る。

5. 切った野菜を3の鍋に加え、落とし蓋と鍋の蓋をし、180℃で25分煮込む。

6. 器に盛り、粗挽き黒胡椒をふる。お好みでマスタードを添える。

POINT

鍋は必ずオーブン使用可のものを使用してください。
塩豚にすることでうま味が出て、野菜が美味しくなります。
塩豚を作るときは「豚の重量の2%の塩」と覚えておくと、
作りやすくパスタなどにも使えてアレンジが広がります。

あさりと豆腐の
コチュジャンスープ

亜鉛や鉄分が豊富なあさりは貧血の予防に
たっぷりのあさりの旨味が滋味深いスープです

材料(5人分)

あさり (殻つき)	450g	水	300cc
絹豆腐	1丁(250g)	砂糖	小さじ1(3g)
ごま油	大さじ1と2/3(20g)	ナンプラー	小さじ1(5g)
コチュジャン	小さじ1と1/2(10g)	トッピング	
紹興酒	大さじ2と1/3(30g)	パクチー	適量

作り方

1. あさりはサッと洗ってバットなどの平らな入れ物に並べ、分量外の3%の
塩水(海水程度の濃さ)を口のところまで入れてアルミホイルをかぶせ、3時
間程おいて砂を抜く。

2. 鍋にごま油を入れ、コチュジャンを炒める。あさり、紹興酒を加え、蓋をし
て殻が開くまで熱する。

3. 水、砂糖を加え、絹豆腐をスプーンですくい入れる。中火で沸かし、ナンプ
ラーを加えて味をととのえる。

4. 器に盛り、パクチーを添える。

POINT
紹興酒はうま味たっぷりなのでぜひ使ってみてください。

トマトの酸辣湯

実は簡単なのに本格的！ 体も心もめったまります

材料 (4人分)

トマト	中2個 (320g)
椎茸	2枚 (40g)
ハム	3枚 (30g)
人参	約1/3本 (60g)
きくらげ (乾燥)	4g
絹豆腐	1/2丁
卵	2個
ごま油	大さじ1強 (15g)
醤油	大さじ1 (15g)
水	800cc

A

中国黒酢	大さじ2と1/2 (40g)
醤油	小さじ1 (5g)
塩	ひとつまみ
白胡椒	少々

B

片栗粉	大さじ1 (12g)
水	大さじ1 (15g)

トッピング

ラー油	お好みの量
中国黒酢	お好みの量

作り方

1. 乾燥きくらげは軽く洗い、完全に浸かるくらいの水を入れて半日〜一晩かけて戻しておく。トマトはヘタを取って2cm程のざく切り、椎茸は薄切り、ハムは5mm幅の細切り、人参と戻したきくらげは千切りにしておく。絹豆腐は5mm厚さの短冊切りにする。卵は溶いておく。

2. 鍋にごま油を入れ、トマトを少し崩れるまで炒める。醤油大さじ1をまわし入れ、水800ccと椎茸、ハム、人参、きくらげを加え5分程煮る。

3. 絹豆腐とAを加え、沸かす。絹豆腐が浮いてきたらBの片栗粉と水を溶いて加え、再度沸かし、溶き卵をまわし入れ火を止める。

4. 器に盛り、お好みでラー油、中国黒酢をまわしかける。

POINT

きくらげは半日以上かけてゆっくり戻すとプリプリで美味しくなります。
国産の黒酢と中国黒酢は全く違うので、スーパーで見つけたらぜひ試してみてください。

みんな大好き、
簡単オニオンスープ

胃腸を休めたい時に飲みたいオニオンスープに
あぶら麸でコクをプラス

材料 (4人分)

玉ねぎ	中2個 (480g)
にんにく	1/2片 (5g)
あぶら麸	6cm (15g)
オリーブ油	大さじ2 (24g)
水	800cc
ローリエ	1枚
塩・胡椒	少々
醤油	小さじ1/2 (2.5g)

トッピング

パルメザンチーズ	適量

作り方

1. 玉ねぎは繊維を断つように薄切り、にんにくはみじん切り、あぶら麸は1.5cm程の輪切りにする。

2. 鍋にオリーブ油とにんにくを入れて中火で熱し、玉ねぎを入れ、あまり動かさず焼きつけてはこそぎ取るようにして、焼き色がつくまで炒める。

3. 水、ローリエ、あぶら麸、塩、胡椒を加え、10分程煮る。醤油を加え味をととのえる。

4. 器に盛り、パルメザンチーズをかける。

POINT
玉ねぎは動かしすぎないようにすると早く焼き色がつきます。隠し味の醤油が味の決め手。

レンズ豆と人参のポタージュ

消化良くやさしく胃を満たしてくれる満足スープ

材料 (6人分)

レンズ豆 (レッド・レンティル)	100g
人参	小1本 (150g)
玉ねぎ	大1個 (280g)
にんにく	1/2片 (5g)
オリーブ油	大さじ2と1/2 (30g)
水	1000cc
ローリエ	1枚
クミンパウダー (またはカレー粉)	
	小さじ1/4 (0.5g)
バター	10g
塩	小さじ1/2強 (3g)
胡椒	少々

トッピング

クミン (ホール)	あれば

作り方

1. 人参は薄切り、玉ねぎは繊維を断つように薄切り、にんにくはみじん切りにする。レンズ豆はザルにあけサッと水洗いしておく。

2. 鍋にオリーブ油とにんにくを入れて弱火で熱し、香りを出す。人参、玉ねぎを加え、ゆっくりと甘味を出すように炒めていく。

3. 水を入れ、沸騰したらレンズ豆、ローリエを加え15分程煮る。レンズ豆が柔らかくなったら火を止めてローリエを取り出し、ハンドブレンダーでなめらかになるまで混ぜる。

4. クミンパウダー、バターを入れ、塩、胡椒で味をととのえる。

5. 器に盛り、あればクミンを散らす。

POINT

レンズ豆は乾燥のものを使用しています。水に漬けずにすぐ使えるので、スープに便利です。

ホタテとふわふわ玉子の
中華スープ

生の小ホタテを使ったちょっと贅沢な中華スープ

材料（4〜5人分）

ホタテ（刺身用）	130g
ハム	2枚（20g）
卵	2個

A

干し椎茸	2枚（10g）
ぬるま湯	1000cc

B

塩	少々
日本酒	小さじ1（6g）
片栗粉	大さじ1/2（6g）

C

片栗粉	大さじ2（25g）
水	大さじ4（60cc）

日本酒	小さじ1強（7g）
薄口醤油	大さじ2（30g）
酢	小さじ1（5g）
ごま油	少量
胡椒	少々

作り方

1. 鍋にAの干し椎茸とぬるま湯を入れ、30分程戻しておく。ホタテは1cm角に切り、Bの塩と日本酒をふって片栗粉を全体にまぶす。ハムと戻した椎茸は1cm角に切る。卵は溶いておく。

2. 1の鍋を沸かし、ホタテ、ハム、椎茸を入れ、再度沸かす。日本酒、薄口醤油で味をつける。

3. Cの片栗粉と水を溶いてまわし入れ、再度沸かしたら溶き卵をまわし入れる。

4. 火を弱め、酢、ごま油を加え、胡椒をふり味をととのえる。

POINT
ホタテは片栗粉をつけるとふっくらと仕上がります。

Part 4

冬のスープ

1年の疲れがたまり、体調を崩しやすい冬は
熱々のスープで体を内側からととのえて。
弱った時や風邪をひきそうな時には
栄養価の高いスープが強い味方になってくれます。

蒸し器でつくる、
鶏のふんわり蒸しスープ

小固の手法で作るゆる〜い茶碗蒸しのような優しいスープ
どんな時にも食べられる自慢の一品です

材料 (6人分)

鶏ひき肉 (皮なしもも肉) ……………200g
タケノコ ………………………………40g
れんこん ………………………………20g
長ねぎ ……………………………5cm (10g)

A
　卵 ……………………………………1/2 個
　日本酒 ………………………大さじ 1/2 (9g)
　塩・胡椒 …………………………………少々

チキンストック ………………………………700cc
生姜の絞り汁 ………………小さじ 1/2 (3.5g)
オイスターソース ………………小さじ 1 (7g)

作り方

1. タケノコ、れんこん、長ねぎは粗みじん切りにする。ボウルに鶏ひき肉と切った野菜、Aを入れ、よく練る。

2. チキンストックを少しずつ加え、のばす。

3. 生姜の絞り汁とオイスターソースを加えて混ぜる。

4. 耐熱容器に取り分け(約6個分)、蓋またはラップをぴっちりとして蒸し器で20〜25分中火で蒸す。

POINT
チキンストックの作り方は p.88 を参照。
市販の顆粒を使う場合は塩味のないもの、無添加の顆粒を使用してください。

獅子頭の白菜スープ

大きな肉団子を獅子の頭に見立てた中華風のスープ
とろとろの白菜をたっぷり食べて風邪予防と美肌に

材料（6人分）

豚ひき肉	320g
れんこん	75g
長ねぎ	1/2 本 (40g)
生姜	1/2 片 (5g)
にんにく (すりおろし)	小さじ1弱 (3g)
白菜	1/3 個 (700g)
マロニー	50g

A

干し椎茸	3〜4 枚 (20g)
ぬるま湯	1200cc

B

卵	1個
片栗粉	大さじ1 (12g)
醤油	小さじ2 (10g)
砂糖	小さじ1 (3g)
塩	ひとつまみ
胡椒	少々

ごま油 …… 適量

C

紹興酒	大さじ3強 (45g)
醤油	大さじ2と1/3 (35g)
オイスターソース	小さじ2 (15g)
きび糖 (もしくは砂糖)	小さじ2 (7g)

作り方

1. Aの干し椎茸と水を合わせて30分程おき、出汁を作る。

2. れんこん、長ねぎ、生姜はみじん切り、白菜は一口大に切る。にんにくはすりおろす。マロニーは水で戻しておく。1で戻した椎茸はそぎ切りにする。

3. ボウルに豚ひき肉と2のれんこん、長ねぎ、生姜、にんにく、Bを入れてよく混ぜ合わせ、6等分にして丸める。

4. フライパンにごま油を入れて中火で熱し、3の肉団子を入れて全体にこんがりと焼き色をつける。

5. 鍋に戻した椎茸と1の出汁を入れて中火にかけ、沸いたら白菜と4の肉団子を入れる。

6. 再び沸いたらCの調味料を入れ、15分煮る。マロニーの水気を切って入れ、さらに5分煮る。

POINT
肉団子はこんがりと香ばしく焼いてください。
豚ひき肉は粗挽きのものを1/3 程混ぜると本格的になります。

粗挽きソーセージとかぶ、レンズ豆のスープ

根菜がたっぷりとれる冬のポトフスープ

材料（6人分）

レンズ豆（レッド・レンティル）……100g	粗挽きソーセージ ……3本(60g)
玉ねぎ ……1個(240g)	にんにく ……1片(10g)
人参 ……約1/2本(100g)	オリーブ油……大さじ2と1/2(30g)
れんこん……70g	水……1400cc
かぶ……2個(150g)	ローリエ……1枚
マッシュルーム……3個(36g)	塩・胡椒……少々

作り方

1. レンズ豆はザルにあけサッと水洗いしておく。玉ねぎ、人参、れんこん、かぶ、マッシュルームは8mm角程の角切り、ソーセージは輪切り、にんにくはみじん切りにする。

2. 鍋にオリーブ油を入れて弱火で熱し、にんにくを炒め、香りを出す。玉ねぎ、人参を加え、玉ねぎが透明になるまで炒めたら、れんこん、かぶ、マッシュルームを加え炒める。

3. 2にレンズ豆、粗挽きソーセージ、水、ローリエを加え20分程煮る。

4. 塩、胡椒で味をととのえる。

POINT
柔らかく煮た根菜が胃の疲れを癒してくれます。
レンズ豆は乾燥のものを使用。水に漬けずにすぐに使えて便利です。

肉味噌たっぷり、
坦々胡麻スープ

うま味たっぷりの肉味噌が決め手!
ビタミンとミネラルが豊富なごまは若さの源

材料(6人分)

肉味噌(作りやすい量)

豚ひき肉	280g
生姜	1片(10g)
長ねぎ	10cm(20g)
ごま油	大さじ1強(15g)
日本酒	大さじ1(18g)
砂糖	大さじ2(20g)
豆板醤	大さじ1(20g)
甜麺醤	大さじ1と1/3(25g)
仙台味噌	大さじ3(60g)
白すりごま	大さじ6(55g)

キャベツ	1/2個
もやし	1袋
椎茸	4枚
豆腐	1丁
あご出汁(かつお出汁でも可)	1800cc

A

醤油	小さじ1(5g)
にんにく(すりおろし)	小さじ1と2/3(10g)
白ねりごま	大さじ2と2/3(50g)

作り方

1. 肉味噌を作る。生姜と長ねぎはみじん切りにする。フライパンにごま油と生姜を入れて中火で熱し、豚ひき肉を炒め、色が変わったら日本酒と砂糖を入れて炒める。

2. 豆板醤を加えて少し炒め、甜麺醤、仙台味噌を入れて炒めたら長ねぎを加える。長ねぎがしんなりしたら白すりごまを加え、火を止める。

3. スープを作る。キャベツはざく切りにし、もやしは洗って水気を切る。椎茸は薄切り、豆腐は6等分に切る。大きめの鍋であご出汁を温める。

4. 3の鍋にキャベツ、もやし、椎茸、豆腐を加え煮て、火が通ったらAを加えて味をととのえる。

5. 器に盛り、2の肉味噌をお好みの量のせる。

POINT
あご出汁の一部を豆乳に替えるのもまろやかになりオススメです。
あご出汁:豆乳で3:1くらいになるよう、お好みで調整してください。

放置でできる、簡単参鶏湯

韓国では夏バテ予防のメニューですが、寒い日にもオススメ
ぞくぞくして風邪をひきそう、ちょっと弱ってるな
と思った時に食べると元気が出ます

材料（2人分）

骨付き鶏もも肉	2本（650g）
もち米	60g
にんにく	2片（20g）
生姜	1片（10g）

塩・胡椒	少々
トッピング	
パクチー	適量

A

高麗人参パウダー	1袋（3g）
（もしくは冷凍高麗人参	約10g）
クコの実（乾燥）	6個
ナツメ（乾燥）	2個（あれば）
水	1500cc

作り方

1. もち米は洗って分量外の水に浸し、30分程おいたらザルにあけ水気を切る。にんにくは皮をむき、根元を切る。生姜は皮をむいて薄切りにする。冷凍の高麗人参を使う場合は薄めの輪切りにする。

2. 鍋に1と骨付き鶏もも肉、Aを入れ、蓋をせず中火にかける。

3. 沸いたらアクを取り、蓋をして中火〜弱火で50分程煮る。

4. 塩、胡椒で味をととのえる。器に盛り、パクチーを散らす。

POINT
健康食品の高麗人参パウダーはドラッグストアで購入できます。韓国食材を取り扱うお店などで購入できる冷凍高麗人参を使っても作れます。疲労回復、食欲不振や血行不良、冷え性の改善などに効果が高いのでぜひ試してみてください。

鶏手羽と大根の
黒にんにくスープ

発酵食品の黒にんにくは免疫力UP&疲労回復に！
腸や肌の調子をととのえたいときにも

材料（4人分）

手羽先	4本	A	
大根	約10cm（280g）	干し椎茸	2枚（10g）
黒にんにく	6片（60g）	水	1600cc
生姜	2〜3片（25g）	クコの実	8粒
長ねぎ（青い部分）	1本分		
		塩	小さじ1（5g）
		胡椒	少々

作り方

1. 大根は1cm厚さのいちょう切り、生姜は薄切りにする。黒にんにくは皮をむく。

2. 鍋に1と手羽先、長ねぎ、Aを入れ、軽く蓋をして中火にかけ、沸騰させて
   から30分煮る。

3. 途中、アクが出たら取り、塩、胡椒で味をととのえる。

POINT
干し椎茸を戻さないので実は簡単に作れるスープです。
黒にんにくはにんにくを発酵させてより栄養価が高まったもの。
ドライフルーツのような独特の味わいで、健康促進や美容効果が高く、
そのまま食べても美味しいです。

寒い日に食べたい、本場のボルシチ

家でこんなに美味しく作れるの？ と驚く本格派のレシピ
奇跡の野菜と言われるビーツはどんな時にもオススメです

材料（6人分）

牛バラ肉（または牛すね肉）	350g	トマト缶（ダイスカット）	150g
玉ねぎ	1個（240g）	オリーブ油	適量
人参	中1本（200g）	塩	小さじ2（10g）
セロリ	1/2本（20g）	黒胡椒	少々
ビーツ（パック）	250g	レモン汁	大さじ1（15g）
じゃがいも	中1個（100g）		
キャベツ	1/8玉（160g）	**トッピング**	
水	1700cc	ディル	適量
		サワークリーム	適量

作り方

1. 牛バラ肉は大き目のぶつ切りにする。玉ねぎ、人参、セロリ、ビーツ、じゃがいもは1cmの角切り、キャベツは3cmの角切りにする。

2. 大きな鍋に牛バラ肉を入れ、水1700ccのうち被るくらいまで水を注ぎ、肉が柔らかくなるまで煮込む。途中、水分が減ってきたら残りの水を足す。

3. 別のフライパンにオリーブ油を入れて中火にかけ、1の玉ねぎ、人参、セロリを炒める。火が通ったら取り出し、同じフライパンでビーツを香ばしい香りがするまでしっかりと炒める。

4. 2の肉が柔らかくなったら一度取り出し、同じ鍋に3の玉ねぎ、人参、セロリ、ビーツを入れる。じゃがいも、キャベツも加え、15分煮る。

5. 牛肉を一口大に切って鍋に戻し、トマト缶を加えて5分煮る。塩、黒胡椒、レモン汁を入れ、味をととのえる。

6. 器に盛り、お好みでサワークリームとディルを添える。

POINT
ビーツなどの野菜をしっかり炒めるのが美味しく作るポイントです。
牛バラ肉は火を通すと縮むので、最初は大きめに切ってください。

しじみとミニトマトの
アーリオ・オーリオスープ

トマトの酸味でさっぱりと。貧血予防や疲れた時に

材料（3人分）

しじみ（殻つき）	200g	塩・白胡椒	少々
ミニトマト	12個(140g)	イタリアンパセリ	適量
にんにく	1片(10g)		
赤唐辛子（輪切り）	1/2本	トッピング	
オリーブ油	大さじ1と2/3(20g)	オリーブ油	お好みで
日本酒	小さじ2(12g)		
水	300cc		

作り方

1. しじみはサッと洗ってバットなどの平らな入れ物に並べ、3％の塩水（海水程度の濃さ）を口のところまで入れてアルミホイルをかぶせ、3時間程おいて砂を抜く。ミニトマトは半分に切り、にんにくは薄切り、イタリアンパセリは粗刻みにする。

2. 鍋にオリーブ油とにんにく、赤唐辛子を入れ、弱火でじっくりと炒め香りを出す。

3. 砂抜きしたしじみ、日本酒、水を加え、蓋をせずにしじみの殻が開くまで熱し、さらに2〜3分煮る。ミニトマトを加え、3〜4分程煮る。

4. 塩、白胡椒、イタリアンパセリを加え味をととのえる。

5. 器に盛り、お好みでオリーブ油をまわしかける。

POINT
しっかり煮てしじみのうま味をスープに移します。

牡蠣とほうれん草のスープ

疲れている時、弱った時に本当におすすめの栄養満点スープ

材料(6人分)

牡蠣	150g
ほうれん草	2〜3束 (50g)
玉ねぎ	1個 (240g)
じゃがいも (男爵)	2個 (350g)
にんにく	1片 (10g)
オリーブ油	適量
水	600cc
ローリエ	1枚
牛乳	300cc
塩	小さじ1 (5g)
胡椒	少々
バター	20g

トッピング

クルトン	適量

POINT

牡蠣は片栗粉で洗うと汚れがきれいに取れます。
ビタミン、ミネラル、炭水化物と3拍子揃った体のお助けスープ。

作り方

1. 牡蠣は分量外の片栗粉をまぶし、水で流しながら汚れを落として水気を切る。玉ねぎは繊維を断つように薄切り、じゃがいもは皮をむいて薄切り、ほうれん草は5cm幅のざく切り、にんにくはみじん切りにする。

2. 鍋にオリーブ油とにんにくを入れて中火で熱し、玉ねぎを加え、透明になるまで炒める。じゃがいもを加え、サッと炒める。

3. 水、ローリエを入れ、じゃがいもが柔らかくなるまで煮て、牡蠣とほうれん草を加える。

4. 牡蠣に火が通りふっくらとしたら、火をとめてローリエを取り出し、ハンドブレンダーでなめらかになるまで混ぜる。

5. 牛乳を入れて再び火にかけ、塩、胡椒、バターで味をととのえる。

6. 器に盛り、クルトンを散らす。

Part 5

知っておくと便利な
おまけレシピ

あると便利なチキンストックとクルトン、
日本の最もお手軽なスープ「自家製味噌玉」のレシピ。
常備しておくといつでも気軽にスープが楽しめます。

Recipe 01

体にやさしいチキンストック

材料(作りやすい量) ————————

鶏ガラ ···································· 2羽分
玉ねぎ ································· 中1/3個
人参·································· 4cm
セロリの葉 ··························· 1/3本分
ローリエ ······························· 1枚
黒胡椒 (ホール)···················· 小さじ2
水······························ 3〜3.5リットル

1. 鶏ガラは水できれいに洗い、沸騰した湯でサッと茹で、もう一度水で汚れやアクを洗う。玉ねぎは1cm厚さに切り、人参は5mm厚さの薄切りにする。

2. 大きめの鍋に水と全ての材料を入れ、強火にかける。沸いたらアクを取り、火を弱めて1時間程煮る。

3. ザルや布巾などで静かに濾す。

保存・活用方法

手作りのチキンストックは良質なたんぱく質がたっぷり。無添加で市販のものに比べて塩分もないので安心です。使いやすい量に小分けして冷凍しておけば、1ヶ月程保存できます。

Recipe 02

常備できる味噌汁の素・味噌玉

自家製保存食で簡単お味噌汁を

味噌玉とは、味噌や具材を混ぜ合わせて丸め、食べる時にお湯を注ぐ、いわば「自家製インスタント味噌汁の素」です。古くは戦国時代の兵糧としても愛されたもので、普段の食事の「簡単汁もの」にもぴったり。
好きな味噌と具材をブレンドして1食分ずつラップしてジップロックなどに入れたら、あっという間に自家製味噌玉の完成です。
保存は冷蔵なら1週間、冷凍なら1ヶ月程度は保存可能です。長期保存したい場合は、具はフリーズドライのものを。冷凍の場合、冷凍庫から出してすぐにお湯を注ぐと温度が下がってしまうので、少しおいてからお湯を注ぎましょう。
時間が無い時用のストックや、お弁当のおともにもオススメな味噌玉。次のページから5つのレシピを紹介しますが、分量はお好みでOK。慣れたらぜひご自分のオリジナル味噌玉を作ってみてください。

信州味噌玉
切り干し大根

切り干し大根を戻さず使えて、
野菜たっぷりの味噌玉

材料 (1人分)

信州味噌	長ねぎ (小口切り)
——— 小さじ 2 と 1/2 (15g)	———————2cm
かつお節————1.5g	生姜 (すりおろし)
とろろ昆布————1g	———————少々

A

切り干し大根	お湯 (溶く用)———— 160cc
(2cm 程にカット)——1g	

作り方

1. ボウルに信州味噌、かつお節を入れ、混ぜ合わせる。

2. 1にAの具材を加え混ぜ、ラップで包み、丸める。

3. ラップを開けて2cm 程に切ったとろろ昆布をまぶし、形を整える。

4. 器に入れ、お湯を注ぐ。

POINT
とろろ昆布を広げてその上に味噌玉をのせると付けやすいです。

赤味噌玉
あおさ

天かすの食感が楽しい
あおさたっぷりの味噌玉

材料 (1人分)

赤味噌——小さじ 2 (13g)	天かす————2g
かつお節————1.5g	
あおさ (乾燥)——適量	お湯 (溶く用)———— 160cc

A

白すりごま
———小さじ 1 (2g)

作り方

1. ボウルに赤味噌、かつお節を入れ、混ぜ合わせる。

2. 1にAの具材を加え混ぜ、ラップで包み、丸める。

3. ラップを開けてあおさをまぶし、形を整える。

4. 器に入れ、お湯を注ぐ。

POINT
あおさは全体にまんべんなくまぶしてください。

白味噌玉 湯葉・ゆず

白味噌と湯葉を使った京風味噌玉

材料（1人分）

白味噌	小さじ2と1/2 (16g)	**A**
信州味噌	小さじ1/3 (2g)	ゆずの皮（細かく刻む）……少々
かつお節	1.5g	ゆず果汁……少々
		九条ねぎ（細かく刻む）……1cm
		乾燥湯葉（細かく砕く）……適量

乾燥湯葉（飾り用）……適量

お湯（溶く用）……160cc

作り方

1. ボウルに白味噌、信州味噌、かつお節を入れ、混ぜ合わせる。

2. 1にAの具材を加え混ぜ、ラップで包み、丸める。

3. ラップを開けて、細かく砕いた乾燥湯葉を全体にまぶし形を整える。

4. 器に入れ、お湯を注ぐ。

POINT

信州味噌を少し入れることで味に締まりが出ます。ゆずの皮は乾燥刻みゆず、ゆず果汁はチューブのゆずペーストなどでも代用できます。

赤味噌玉
粒あられ・わかめ

定番わかめを粒あられで美味しく

材料（1人分）

赤味噌……小さじ2 (13g)	粒あられ（お茶漬けあられ）
かつお節……1.5g	3g
A	
みょうが……1/3個	お湯（溶く用）……160cc
乾燥わかめ……1g	

作り方

1. ボウルに赤味噌、かつお節を入れ、混ぜ合わせる。

2. 1にAの具材を加え混ぜ、ラップで包み、丸める。

3. ラップを開けて粒あられをまぶし、形を整える。

4. 器に入れ、お湯を注ぐ。

POINT

粒あられは押し込むようにすると付けやすいです。

信州味噌玉
梅・ほうれん草

梅を入れてさっぱりとしたお味噌汁

材料（1人分）

信州味噌	**A**
……小さじ2と1/2 (15g)	ねり梅……2g
かつお節……1.5g	乾燥ほうれん草……3g
	みょうが……1/3個

お湯（溶く用）……160cc

作り方

1. ボウルに信州味噌、かつお節を入れ、混ぜ合わせる。

2. 1にAの具材を加え混ぜ、ラップで包み、丸める。お好みで上に分量外のみょうが、ねり梅をのせる。

3. 器に入れ、お湯を注ぐ。

POINT

ほうれん草以外の他の乾燥野菜を使うこともできます。

スープのおともに

クルトン

材料（作りやすい量）

食パン（12 枚切り）……………… 5枚
※ 10 枚切りや 8 枚切りでも OK
ガーリックパウダー
……………… 小さじ 1/4（お好みの量）
オリーブ油 ………… 大さじ 2（25g）

作り方

1. 食パンは小さめの角切りにする（柔らかいと切りにくいので、袋から出して少し乾燥させると切りやすいです）。バットなどに広げ、1時間程乾燥させる。

2. ボウルに 1 の食パンを入れ、ガーリックパウダー、オリーブ油をまわしかけ、さっくりとよく混ぜ合わせる。

3. フライパンに 2 を入れて中火〜弱火で炒めていく。こんがりカリっと色づいたら取り出し、広げて冷ます。

POINT
食パンは家にある残りや少し固くなったものなど、何でも大丈夫。
オーブンでも作れます。180℃で 20 分程。途中、一度上下を返してください。

スープのおともに

ハーブクルトン

材料（作りやすい量）

バゲット ……………………… 1/3 本 (90g)
ドライハーブ（バジル、パセリなど）
……………… 小さじ 1/3（お好みの量）
ガーリックパウダー
……………… 小さじ 1/3（お好みの量）
オリーブ油 …… 大さじ 2 と 1/2 (30g)

作り方

1. バゲットは 1.5cm 程の角切りにする（柔らかいと切りにくいので、袋から出して少し乾燥させると切りやすいです）。バットなどに広げ、1時間程乾燥させる。

2. ボウルに 1 のバゲットを入れ、ドライハーブ、ガーリックパウダー、オリーブ油をまわしかけ、さっくりとよく混ぜ合わせる。

3. フライパンに 2 を入れて中火〜弱火で炒めていく。こんがりカリっと色づいたら取り出し、広げて冷ます。

POINT
ドライハーブはお好みのものを。
オーブンでも作れます。180℃で 20 分程。途中、一度上下を返してください。

おわりに

今回、「スープの本を作りませんか」とお話しをいただいて、思い浮かんだのは家族のこと。
家族のための食事を作るようになった時、私が改めて意識したのは「美味しくて、皆が元気になってくれるものを食べさせてあげよう」ということでした。

食を仕事にしてきた私は、それまでも当然「美味しい」「安心」「安全」を追求してきたわけですが、家庭での食事作りでは、さらに「美味しいうえに食べやすく、その人の、その時の体調に合ったものを食べて、体をととのえてもらう」ことをよく考えるようになりました。
そのような経験から生まれたのが、この本で紹介したレシピをはじめとしたスープです。
柔らかくて消化が良く、食べやすく、野菜と栄養がたっぷりとれる……スープはまさにぴったりでした。
家族のために、本当にたくさんのスープを作りました。足がむくんでが辛いと言われたら栗のポタージュを作り、むくみがとれてスッキリしたと言ってもらえたり、風邪をひきそうな時には参鶏湯を、体調を崩し食事をとるのが辛い時は牡蠣とほうれん草のスープを……。

体のために、その時々の季節や体調に合ったものをたっぷりとる。
そうすると本当に体と心がととのっていきます。
と言っても、私の作るレシピは実はどれもシンプルなものばかり。
基本はオイルと塩と素材と水、余計なものは入れていないので、素材を楽しむ薄味のものがほとんどです。
でも、だからこそ「美味しい」がダイレクトに感じられる、と自負しています。

美味しいものは人を幸せにします。
ほんの少しの工夫や手間で、美味しいものはさらに美味しくなります。
あなたにも、その幸せが届いたら、こんなに嬉しいことはありません。

郷 知詠子

商品協力

ミヤザキ食器株式会社
M.STYLE
WEBサイト　http://mtsco.co.jp/

公式オンラインショップ
Sala
WEBサイト　https://salaselect.com/

ツヴィリング J.A. ヘンケルス ジャパン株式会社
株式会社デニオ総合研究所
STAUB
WEBサイト
https://www.zwilling.com/jp/staub/
https://www.deniau.jp

STAFF

料理制作	郷　知詠子
撮影協力	Salon de G
フードスタイリスト	鈴木　夏代子
アシスタント	熊澤　沙良
	中野　里咲
	冨水　果奈
	田中　咲月
企画・編集	オフィスふたつぎ
デザイン・DTP	WHITELINE GRAPHICS CO.
写真撮影	ヒゲ企画

郷 知詠子（ごう ちえこ）

フード・アドバイザー
（有）郷オフィス 代表取締役
料理教室 Salon de G 主宰

幼い頃より食べることが好きで、洋食をはじめ、日本料理・中国料理・スウィーツなど幅広く料理を学ぶ。レストランキハチの熊谷喜八氏の作る料理に感動し、株式会社キハチアンドエスに入社。営業推進・情報管理を担当し、レシピ・商品開発に携わり、数多くの店舗立ち上げに携わる。その後、1999年に独立。現在に至るまで、料理提案・商品開発・レシピ提供・店舗コンサルタント・テーブルコーディネートや企業への企画・ブランディングサポートなど、飲食店や企業・食品メーカー・スーパーマーケットなどの様々な業態のクライアントの食に関するサポートを手がける。東京都世田谷にて主宰の料理教室「Salon de G」では、安心・安全な食スタイルの提案からテーブルコーディネートまで、一番身近なお食事を楽しむためのヒントを発信。

主な著書

『フードアナリスト検定教本2級』上下巻 2007年
『VIV シリコンスチーマーでつくるたっぷり野菜のヘルシーレシピ』2010年
『マンナンヒカリのヘルシーレシピ』2013年
『おにぎらずとおにぎらずロール おべんとうが楽しくなる簡単レシピ100』2015年
『おしゃれで美味しい！ グリルドチーズとホットサンド絶品レシピ48』2022年
『その油が命を縮めます！ 体に良いオイルの選び方と健康になる簡単レシピ50選』2022年

素材を味わい体ととのう
ご自愛スープ

発行日	2023年 7月 8日	第1版第1刷

著者　郷 知詠子

発行者　斉藤　和邦
発行所　株式会社　秀和システム
　　　　〒135-0016
　　　　東京都江東区東陽2-4-2　新宮ビル2F
　　　　Tel 03-6264-3105（販売）Fax 03-6264-3094
印刷所　三松堂印刷株式会社

ISBN978-4-7980-7056-8 C0077